RATUS POCHE

COLLECTION DIRIGÉE PAR JEANINE ET JEAN GUION

En plus de l'histoire :
– des mots expliqués pour t'aider à lire,
– des dessins avec des questions
pour tester ta lecture.

© Hatier Paris 1997, ISSN 1259 4652, ISBN 2-218 71649-6

Ralette marchande de tableaux

Une histoire de Jeanine et Jean Guion
illustrée par Luiz Catani

HATIER

Justin
Rald

Les personnages de l'histoire

GALERIE D'ART

1

Sur la place de Ragréou, en face de la
fontaine, une boutique a été transformée
en galerie d'art. Oh, elle est bien située,
cette galerie : juste à côté du bar ! Alors,
l'été, quand les touristes s'arrêtent pour se
désaltérer, ils en profitent pour admirer les 1
tableaux : ce sont ceux de Justin.

– Comme ils sont beaux ! disent les gens.

C'est vrai qu'il est doué, Justin. Et en
plus, il est gentil. Tout le monde l'aime
bien, mais il est trop modeste. Il dit qu'il 2
n'est pas un artiste, juste un peintre de
Provence, le peintre de Ragréou. Alors, les
touristes n'achètent pas ses toiles de peur de
faire une mauvaise affaire et Justin gagne

Quel tableau de Justin Raldo veut-il vendre ?

tout juste de quoi vivre. Pour lui, il n'est donc pas question de partir en vacances.

Mais cette année n'est pas comme les autres. Justin a fait un concours et il a gagné un voyage de quinze jours au Canada.

Ses amis viennent le féliciter.

– On va s'occuper de ta galerie, lui dit Ralette. Avec Raldo et Ratounet, on va vendre tous tes tableaux ! Quand tu reviendras, tu seras riche.

Justin est touché par cette gentillesse. 3

– Je vendrai le tableau qui a des pommes sur une assiette, lui dit Raldo. Les pommes, c'est bon pour la santé !

C'est ainsi que Justin est parti, heureux de faire un grand voyage, et rassuré parce que ses amis allaient s'occuper de sa galerie pendant son absence.

Le lendemain de son départ, Ralette,

Raldo et Ratounet attendent les clients. Personne ! Bien sûr, des touristes s'arrêtent devant la vitrine pour admirer les tableaux, mais personne n'entre.

Le jour suivant, il pleut. Le village est désert. La galerie aussi.

Le troisième jour, le soleil revient, mais toujours pas de clients. Le quatrième jour, Ralette est découragée :

– Les tableaux de Justin ne se vendent pas. Il faut trouver une idée…

Une idée, c'est bien beau, mais laquelle ?

– On pourrait demander à Lili ? propose Ratounet. Elle est capable de vendre n'importe quoi.

– C'est vrai, dit Ralette. Un jour, elle a voulu me vendre une robe pleine de trous !

– Elle a vendu un vélo sans pédales à mon cousin, raconte Raldo.

– C’est une championne du commerce, conclut Ratounet.

Et nos trois amis partent pour la boutique de la fouine. Ils arrivent au moment où elle est en train d’expliquer à un client que les vieux journaux ont beaucoup plus de valeur que les journaux neufs quand on en fait la collection.

– Ils vaudront au moins trois fois plus cher l’année prochaine ! affirme Lili en montrant une pile de vieux papiers.

L’homme a l’air ravi : il achète toute la pile, la charge dans sa voiture et s’en va en imaginant qu’il est devenu riche.

– Ça alors ! s’exclame Ralette.

– Moi aussi, j’achèterais bien des vieux journaux, dit Raldo.

– Idiot ! dit Ralette. Les vieux journaux de Lili n’ont pas de valeur.

Qu'est-ce que Lili a vendu au cousin de Raldo ?

– Ce n'est pas pour faire la collection, explique Raldo. C'est pour mettre par terre et protéger mon parquet des taches, parce que je vais repeindre ma cuisine…

Comme Lili a encore deux cartons de vieux journaux dans sa cave, elle en fait cadeau à Raldo et lui propose :

– J'ai aussi des vieux pots de peinture. Je peux te les vendre…

2

Ralette explique à Lili la raison de leur visite :

– Les tableaux de Justin ne se vendent pas. Peux-tu nous aider ?

Lili réfléchit un instant.

– Ça doit pouvoir se faire, répond-elle. J'ai toujours dit à Justin qu'il avait tort : il peint seulement ce qui lui fait plaisir.

– Mais, quand on peint un tableau, c'est toujours parce qu'on aime, fait timidement remarquer Raldo.

– Quand on veut vendre, déclare la fouine, il faut peindre ce qui plaît aux autres.

Lili regarde autour d'elle. Sa boutique est encombrée de vieux objets de toutes

sortes : cafetières d'autrefois, moulins à
café en bois, tasses ébréchées, photos 4
jaunies, petits meubles rongés par les
vers. Et là-haut, accrochée au mur dans
un vieux cadre doré, une marquise à la
mine sévère semble surveiller le bric-à-
brac de la fouine.

– C'est elle qu'il nous faut ! affirme Lili.

Elle décroche le portrait de la vieille marquise et déclare :

– Voici l'arrière-grand-mère de Justin !

Surprise générale !

– Ah ! Je ne savais pas, bredouille Raldo.

– C'est bizarre, marmonne Ratounet. Je croyais que…

– Mais ses grands-parents et ses parents n'étaient pas des marquis ! s'exclame Ralette. Ils cultivaient la vigne et l'olivier dans les collines.

•••••

D'après Lili, qui est l'arrière-grand-mère de Justin ?

Lili explique que c'est peut-être vrai, mais qu'elle s'en moque.

– Il faut inventer l'histoire de la famille de Justin. On l'appellera : la légende de Justin ! 5

Et devant les regards ahuris de Ralette, de Raldo et de Ratounet, la fouine raconte que l'arrière-grand-mère de Justin était une marquise des environs, que son grand-père avait peint la montagne Sainte-Victoire 6
et que son père lui-même peignait aussi des tableaux dans les vignes.

– On va pendre le tableau de la marquise dans la galerie, conclut Lili. Je vais taper la légende de Justin et on l'affichera.

Et Lili commence à taper sur une vieille machine à écrire qui se met à crépiter comme les bûches d'un feu de Noël.

Le vendredi, une grande pancarte prévient les touristes que la galerie de

Justin est fermée pour toute la journée, en raison de travaux, suite à une importante découverte. En voyant Lili aller et venir de sa boutique à la galerie, les habitants de Ragréou ne s'inquiètent pas trop : ils connaissent la fouine ! Mais les touristes,
eux, en ont l'eau à la bouche. Ils lisent le 7
panneau et se promettent de revenir le lendemain pour savoir quelle découverte on a bien pu faire dans ce village.

Et le samedi matin, dès dix heures, plusieurs cars de touristes sont là, déversant leurs passagers qui se précipitent vers la galerie de Justin.

C'est qu'elle est belle, cette galerie ! Sur le mur du fond, le portrait de la marquise domine les autres tableaux. Quand on réussit à fendre la foule et à s'approcher, on peut lire sur une petite affiche qu'une

sorcière a jeté un sort aux ancêtres de 8
Justin, en 1643. Depuis cette date, tous les garçons nés dans cette famille sont obligés de devenir peintres. Lili a ajouté que, faute d'avoir un fils, Justin est le dernier homme de cette célèbre série d'artistes, très connus en Australie et en Papouasie.

Les messieurs admirent, les dames essuient une larme avec un mouchoir en papier.

– J'achèterais bien le tableau de la marquise, dit un Américain avec un fort accent du Texas.

– Pas possible, dit Lili. Il n'est pas à vendre. Ou alors à un prix…

Et elle montre un nombre avec beaucoup de zéros, en bas du tableau, sur une petite étiquette.

– Trop cher, dit l'Américain. Je n'ai pas

Le touriste américain achète deux tableaux. Lesquels ?

assez d'argent sur moi, mais je vais quand même acheter un paysage de Justin. Mettez-moi aussi le tableau avec les pommes.

C'est ce qui donne le signal du départ. Tout le monde veut acheter un tableau de l'arrière-petit-fils de la marquise.

Et le samedi soir, Ralette doit fermer la galerie plus tôt que prévu : il n'y a plus rien à vendre ! Sauf le tableau de la marquise, bien sûr. Mais on ne vend pas une légende…

3

Le dimanche matin, Lili, Ralette, Raldo et Ratounet se retrouvent dans la galerie de Justin. Ils fouillent la cave, le grenier : aucun tableau, aucun dessin. Rien, il n'y a plus rien ! Il n'y a que des toiles neuves, encore blanches, que Justin a mises de côté pour peindre de futurs tableaux.

– On n'a plus rien à vendre et c'est bien dommage, soupire Lili.

Et elle regarde Ratounet qui est en train de dessiner des canards sur une toile encore blanche qu'il a trouvée dans le grenier.

– Qu'est-ce que tu fais ? demande Lili.

– Un tableau moderne, explique le petit rat. On a appris comment faire à l'école, pour la fête des mères. Je dessine des canards et je vais coller dessus des pâtes, des plumes et de la laine jaune. Après, je peindrai les pâtes.

– C'est génial ! s'écrie Lili qui a aussitôt une idée.

Elle explique le plan qui vient de germer 9
dans son cerveau de fouine d'affaires :

– Demain, on vendra les tableaux que les amis de Justin ont réalisés en son honneur, dit-elle. Ils auront beaucoup de succès.

Tout le monde se met au travail.

– Il faut d'abord récupérer tout ce que vous pouvez, dit Lili. Des pâtes, du riz, des plumes, des coquilles d'œufs, des coques de noix, des pots de yaourt vides, des brindilles de bois, du papier, des journaux…

– Il faudra aussi de la colle, dit Ratounet. Beaucoup de colle.

Qu'est-ce que Ratounet va utiliser pour faire son tableau moderne ?

– La peinture, je m'en charge, continue Lili. Les vieux pots que j'ai dans ma boutique feront l'affaire. On va travailler toute la journée, et demain on vendra nos tableaux !

Raldo, qui a étudié la question pour repeindre sa cuisine, fait remarquer que la peinture ne sera jamais sèche. Qu'à cela ne tienne, Lili a une solution : elle ajoutera un produit qui fait sécher très vite.

Et jusque tard dans la nuit, les artistes travaillent beaucoup.

Le lendemain, quand la galerie ouvre, les tableaux sont tout juste secs.

– Superbe ! s'écrie un touriste en faisant de grands gestes pour appeler ses amis.

– Ce sont des chefs-d'œuvre ! s'exclame une dame qui porte de grosses lunettes.

Les tableaux de Raldo se vendent les

premiers. Ils portent tous le nom d'un sport. Le panier de basket est représenté par un pot de yaourt troué d'où sortent de vieilles balles de ping-pong collées en chapelet. Sur un autre, un champion est entouré de petites boules vertes collées sur un morceau de moquette. C'est Ralette qui a trouvé le titre de ce tableau : *les petits poids de l'athlète* !

Et une fois encore, tous les tableaux se vendent dans la journée, sauf celui de Lili qui s'appelle *les nouilles en fleurs* et où l'on voit s'aligner trois grosses marguerites faites de pâtes collées au bout de macaronis peints en vert. La fouine en est un peu vexée, mais elle se console en pensant qu'il se vendra le lendemain.

Le mardi matin, nos amis se réunissent dans la boutique de Lili.

– Justin revient dimanche, dit Ralette, et on a déjà vendu tous ses tableaux et même ceux qu'on a faits ! Il faut fermer la galerie.

– Nous n'allons pas en rester là, proteste Lili. On peut encore faire des affaires !

– J'ai une idée, dit Ratounet. Un jour, j'ai vu un artiste à la télé. Il écrasait des objets pour en faire des tableaux.

Raldo hausse les épaules. Il pense que Ratounet raconte n'importe quoi.

– Si, si ! affirme Ratounet. Je l'ai vu. Il a écrasé une cafetière en métal. Il a appelé ça une compression.

Lili prend aussitôt une vieille cafetière, la pose par terre et saute dessus dans l'espoir de l'aplatir. Tout ce qu'elle obtient, c'est de glisser et de tomber dans une grosse malle où elle entasse de vieux chiffons.

Où est Joseph ?

– Aïe ! pleurniche-t-elle. Je me suis fait mal. L'art, c'est dangereux.

– C'est pas comme ça qu'il faut faire, dit Ratounet. Moi, je sais !

Et le petit rat explique :

– Les cantonniers refont la route de la gare, en ce moment. Et pour aplatir le goudron, ils utilisent un gros rouleau compresseur… 11

– Ils ne voudront jamais nous prêter leur rouleau ! dit Ralette.

– Bien sûr que si, dit Ratounet. Celui qui conduit le rouleau, c'est un cousin de la cousine de mes voisins. Je le connais bien.

Aussitôt, la petite troupe part en direction de la gare, la vieille cafetière de Lili à la main.

– Salut, Joseph ! crie Ratounet à l'homme perché en haut du rouleau compresseur.

Tu pourrais rouler sur ma cafetière ?

– Tu es fou ! répond le dénommé Joseph. Ça va l'abîmer.

– Ça ne fait rien, dit Ralette. On vous expliquera après.

Joseph vise bien et roule sur la cafetière qui se trouve aussitôt transformée en crêpe.

– Tu ne pourras plus te faire du café avec ça ! ricane Joseph, ravi de la plaisanterie. Tu veux que je t'écrase autre chose ?

– C'est tout pour le moment, répond Ralette. On reviendra tout à l'heure.

Une heure plus tard, Raldo pousse une brouette pleine de vieux objets métalliques, à demi-rouillés : casseroles, cuillères, fourchettes, louches et boîtes de toutes sortes. Ratounet les aligne soigneusement sur la route, Joseph vise bien et écrase le tout avec son énorme rouleau.

Pendant ce temps, Ralette et Lili sont allées chez le carrossier.

– On voudrait vous demander de peindre ces toiles avec votre pistolet à peinture.

– En ce moment, j'ai du noir. Ça ira ?

Ralette insiste pour avoir des couleurs variées.

– Ça sera plus joli, dit gentiment Ralette. Imaginez que vous êtes un artiste comme Justin, et faites comme lui.

Une heure plus tard, le carrossier a fini son travail et les toiles sont prêtes.

– C'est beau, hein ? dit-il tout ému. J'ai toujours rêvé d'être un artiste, mais c'est la première fois que j'ose.

Le résultat est curieux. La peinture a un peu coulé par endroits, mais les couleurs se mêlent agréablement.

Et nos amis passent l'après-midi à coller

les casseroles-crêpes, les boîtes-crêpes, les louches-crêpes sur les toiles colorées.

– C'est superbe, dit Lili. Ratounet a eu une bonne idée.

Une si bonne idée que tous les objets compressés sont vendus dans les deux jours qui suivent. Et le jeudi soir, la galerie est à nouveau vide ! Il ne reste que le tableau de la marquise grincheuse dont personne ne veut.

4

Quand Lili annonce qu'elle voudrait encore faire une surprise à Justin, Ralette trouve tout de suite une idée :

– Le cirque ! lance-t-elle. Il y a un cirque sur la place. Et au cirque, il y a un singe !

Tout le monde se regarde comme si Ralette avait perdu la tête.

– Un singe ? Qu'est-ce que tu veux qu'on fasse d'un singe ? demande Raldo.

– Un artiste ! répond Ralette. Il reste des toiles blanches dans le grenier de Justin. Emportons-les au cirque. Avec un peu de peinture et un pinceau, vous allez voir…

Jamais singe de cirque ne s'est autant amusé ! Ralette lui a expliqué ce qu'il fallait

À quel animal pense Ralette pour faire une surprise à Justin ?

faire et le singe a tout de suite compris. Il a trempé le pinceau dans un pot et a jeté la peinture sur la toile en poussant des cris de joie. Le plus drôle, c'est quand il a sauté sur la branche d'un platane et qu'il a laissé tomber le pinceau en visant bien. Ça a fait « splash » et jamais tache n'a été aussi réussie !

Le plus difficile a été d'arrêter le singe. On avait beau lui proposer des friandises, il voulait tout peindre. Quand la voiture du maire a été barbouillée à son tour, les gendarmes se sont fâchés :

– Quel est le sombre idiot qui a eu l'idée de donner de la peinture à ce singe ?

Mais la question n'a servi à rien. Les gendarmes se sont retrouvés barbouillés de taches vertes et rouges à leur tour. C'est finalement Lili qui a trouvé la bonne idée

D'après Lili, qui est l'ancêtre de Justin ?

pour calmer l'artiste. Elle a donné au singe un bâton de rouge à lèvres et un miroir. L'animal s'est regardé et s'est mis à se maquiller des pieds à la tête. Son maître a pu alors le faire rentrer dans sa cage.

Le lendemain, personne ne veut acheter les tableaux du singe, même quand Lili affirme qu'ils sont peints par Justin. Elle finit par trouver une idée pour les vendre. Elle fait installer le singe dans la galerie sous la surveillance de son maître, puis elle dit en montrant l'animal :

– Ces tableaux ont été peints par le plus lointain ancêtre de Justin !

– Ah ? font les clients qui se bousculent dans la boutique.

– On dit que l'homme descend du singe, mesdames et messieurs. Justin descend donc de cet animal très doué. Et la preuve, c'est qu'il est lui-même un grand artiste, comme Justin…

– Mmm… mmm… fait le singe en disant oui de la tête.

On lui donne quelques cacahuètes, et il accepte de signer chaque tableau vendu d'un violent coup de pinceau dont il faut se méfier si on ne veut pas se retrouver tout barbouillé de peinture.

Et une nouvelle fois, la journée s'achève avec une galerie presque vide, un seul tableau restant accroché au mur : celui de la marquise !

5

Le dimanche, quand Justin descend du train, des journalistes l'attendent :

– Monsieur Justin ! Vous êtes un grand artiste. Est-il vrai que vous allez exposer des tableaux à New-York ?

– On prépare un article sur vous et sur vos toiles. Pouvez-vous nous parler de la marquise, votre arrière-grand-mère ?

– Et de la sorcière qui jeta un sort à toute votre famille ?

Justin ne comprend rien à toutes ces questions. Il est fatigué par le décalage
horaire. Il est midi à Ragréou, mais Justin 12
a sommeil. Il est encore à l'heure de Montréal : cinq heures du matin !

Qui est venu attendre Justin à la gare ?

– Quels sont vos projets ? lui demande un journaliste.

Justin montre un grand cahier qui dépasse de ses bagages.

– J'ai fait beaucoup de croquis pour mes prochains tableaux, explique-t-il. J'ai
dessiné un orignal, un caribou, des ours… 13

Et il monte dans la voiture du maire qui est venu le chercher :

– Tu es célèbre, lui dit le maire. Grâce à Ralette, à Lili, à Ratounet et à Raldo ! Ils ont vendu tous tes tableaux.

Le pauvre Justin qui n'a rien vendu depuis des mois croit que c'est une plaisanterie.

– Il ne faut pas te moquer de moi, Edmond, dit-il gentiment. Je suis fatigué…

– Je ne plaisante pas, Justin, dit le maire. Tout a été vendu. Sauf ton ancêtre, la marquise…

– La marquise ? s'étonne Justin en ouvrant de grands yeux. Quelle marquise ? Et d'abord, pourquoi ta voiture est toute
bariolée ? Tu es devenu fada pendant que 14
je n'étais pas là !

– C'est ton autre ancêtre qui a fait ça, répond le maire.

– Mon autre ancêtre ?

– Le singe, pardi ! Mais je ne le regrette pas. Des collectionneurs m'ont téléphoné ce matin pour acheter ma voiture deux fois plus chère qu'une neuve.

– Ah… fait Justin, songeur.

Quand la voiture s'arrête devant sa galerie, Justin est accueilli par Ralette, Lili, Raldo et Ratounet.

– Viens vite, crie Ralette. On a beaucoup de choses à te raconter. On a vendu tous tes tableaux !

– Et même les autres, ajoute Lili.

– Sauf la marquise, dit Raldo.

Et Justin, en découvrant le tableau de la vieille marquise, se laisse tomber sur une chaise en soupirant :

– Je vais d'abord aller faire une petite sieste. Je chercherai à comprendre après…

Et ce soir-là, une fête a lieu sur la place du village en l'honneur de Justin, le grand peintre de Ragréou, maintenant célèbre grâce à ses amis.

1

se désaltérer
Boire quand on a soif.

2

il est **modeste**
Il ne croit pas qu'il est un grand peintre.

3

il est **touché**
Il est ému et content.

4

ébréché
Abîmé, avec des petits morceaux qui sont partis sur le bord.

5

une **légende**
Une histoire merveilleuse, plus ou moins vraie.

6

la **montagne Sainte-Victoire**
Montagne située en Provence, très connue grâce à un grand peintre, Cézanne.

7

avoir **l'eau à la bouche**
Avoir très envie de quelque chose.

8

jeter **un sort**
Dire une formule magique pour faire du mal à quelqu'un.

les **ancêtres**
Ceux qui sont nés très longtemps avant nous.

9
un **plan qui vient de germer**
Lili vient de trouver ce qu'il faut faire.

10
elle est **vexée**
Lili n'est pas contente.

11
un **rouleau compresseur**

12
le **décalage horaire**
C'est la différence d'heure entre deux pays.

13
un **orignal**
Grand cerf du Canada.

un **caribou**
Renne du Canada.

14
fada
En Provence : un peu fou.

1 Ratus va chez le coiffeur

Pour faire plaisir à Mina, Ratus se fait couper les cheveux.

2 Ratus et les lapins

Ratus fait construire un immeuble pour le louer à des lapins.

3 Les parapluies de Mamie Ratus

Les extraterrestres arrivent. Mais que fait Mamie Ratus avec ses parapluies ?

4 Ralette et le serpent

Pendant que Ralette était absente, Raldo s'est fait élire roi des rats.

5 Les tourterelles sont en danger

Un horrible chasseur veut tuer les tourterelles !

6 Ralette a disparu

On dit que le boucher de Ragréou est un ogre. Et Ralette a disparu…

7 Mon copain le monstre

Il était une fois un monstre qui mangeait les enfants…

8 La visite de Mamie Ratus

Ratus fait le ménage chez lui ! Pour qui ?

9 Ratus aux sports d'hiver

Ratus veut faire du ski. Tout irait bien s'il était prudent…

10 Luce et l'abominable pou

Luce la puce vit heureuse dans les poils d'un chien. Un pou arrive…

11 Drôle de maîtresse

Une nouvelle maîtresse arrive. On se souviendra longtemps de ses leçons…

12 Le mariage de l'abominable pou

L'abominable pou enlève Luce la jolie puce…

13 Ratus pique-nique

Pique-niquer devrait être une fête. Mais quand Victor est là, adieu le calme !

14 Monsieur Gobille et la gobillette

Le nouvel instituteur est effrayant, surtout lorsqu'il utilise la gobillette…

15 Les Vocabul mènent l'enquête

Les plans d'une machine ultramoderne ont été volés.

16 Le tableau endiablé

Le nouveau maître remplace le tableau noir par une inquiétante machine…

17 Le trésor de l'abominable pou

Avec l'aide du chien Terreur, l'abominable pou trouve un trésor !

18 Alerte sur les ondes radio

Un très vieux poste de radio va conduire Caroline sur la piste de dangereux bandits…

19 Le petit dragon qui toussait

Valentin ne sait pas cracher le feu comme ses frères ! Que va-t-il devenir ?

20 Ralette marchande de tableaux

Ralette vend de drôles de tableaux. Qui a bien pu les peindre ?

21 Drôle de matin pour Adrien

Un matin, Adrien réalise qu'il a quatre pattes et des poils partout…

22 Danger pour Adrien

Adrien est seul à la maison… Qui sonne avec tant d'insistance ? Des extraterrestres, peut-être…

23 Ratus sur la route des vacances

Mamie Ratus est imprudente et Ratus se croit tout permis. Gare aux gendarmes !

24 Enquête au pays des oliviers

Que se passe-t-il ? Tous les oliviers sont malades. Mistouflette et ses copains vont-ils sauver les arbres ?

Tu es un super-lecteur

si tu as trouvé ces 12 bonnes réponses.

2, 4,

8, 13, 14, 15,

17, 20, 23, 26, 30, 34.

Maquette Jean Yves Grall, mise en page Atelier JMH

Imprimé en France par Pollina, 85400 Luçon - n° 73962-B
Dépôt légal n° 16527 - Février 1998